1800 Census
Prince George's County, Maryland

HERITAGE BOOKS
2007

HERITAGE BOOKS
AN IMPRINT OF HERITAGE BOOKS, INC.

Books, CDs, and more—Worldwide

For our listing of thousands of titles see our website
at
www.HeritageBooks.com

Published 2007 by
HERITAGE BOOKS, INC.
Publishing Division
65 East Main Street
Westminster, Maryland 21157-5026

Copyright © 1989 Maryland Genealogical Society

Other books by the author:
Records of Old Otterbein Church, Baltimore, Maryland, 1785-1881
1800 Census Allegany County, Maryland
1800 Census Anne Arundel County, Maryland
1800 Census Caroline County, Maryland
1800 Census Cecil County, Maryland
1800 Census Dorchester County, Maryland
1800 Census Frederick County, Maryland
1800 Census Kent County, Maryland
1800 Census Montgomery County, Maryland
1800 Census St. Mary's County, Maryland
1800 Census Somerset County, Maryland
1800 Census Talbot County, Maryland
1800 Census Worcester County, Maryland
1800 Census Harford County, Maryland
1800 Census Queen Anne's County, Maryland
1800 Census of Calvert County and Charles County, Maryland

All rights reserved. No part of this book may be reproduced or transmitted in any form or by any means, electronic or mechanical, including photocopying, recording or by any information storage and retrieval system without written permission from the author, except for the inclusion of brief quotations in a review.

International Standard Book Number: 978-0-7884-3783-0

Prince George's County was erected in 1695 from the northernmost parts of Charles (established in 1658) and Calvert (founded in 1654) Counties. Prince George's is a southern Maryland county and is bounded by the Potomac River and Washington, D.C. on the west, on the south by Charles County, on the east by Calvert and Anne Arundel Counties, and on the north by Anne Arundel and Montgomery Counties. Just across the Potomac River is Virginia - the town of Alexandria, and the country near Mt. Vernon. The county seat is Upper Marlboro. Prince George's is one of two heavily populated suburban counties adjoining Washington, and while a part of the county is agricultural there is much business and manufacturing in the county today. Other towns in the county now are Hyattsville, College Park, Greenbelt, Beltsville, Riverdale, Laurel, Bowie, Suitland, and Oxon Hill.

Prince George's was established at the end of the 17th century and can boast among the Southern Maryland counties that none of its valuable records have been lost, burnt, or destroyed. This is noteworthy when one recalls that both Charles and Calvert Counties had fires in their respective courthouses in 1746 and 1748. Prince George's though, was not without some anxious moments during the War of 1812, when the British troops after burning Washington in 1814 passed through Upper Marlboro and did not touch anything except poultry and livestock. The Maryland state officials had thought Annapolis, the state capital, was such a target for possible attack (it was bypassed) by the British that they ordered the state records sent to "safe" Upper Marlboro. They were stored in an "unsafe" wooden building and were ordered moved again to the courthouse to be under the care of William B. Beane and John Reed Magruder.

The 1800 census of Prince George's County was not divided into hundreds, parishes, or districts. This is a slight handicap in trying to discover in what area of the county person lived.

P.G. Co. 1800 Census

Head of the family	Free white males					Free white females					Other free persons	Number of slaves
	Under 10	10 - 16	16 - 26	26 - 45	Over 45	Under 10	10 - 16	16 - 26	26 - 45	Over 45		
Abegail, free negro											2	
Abegail, Thomas		1		1			1			1		1
Adams, Ann	1					1			1	2		1
Adams, George	3	2		1		2		1	1			
Adams, John, free negro											8	
Adams, Margaret					1					1		19
Adams, Walter	2	1	1			2	1	1	1			
Addams, James			1	1	1		1	2		1		
Addams, James, Jr.	2			1		1	1		1			
Addams, William		2	1		1				1	1		1
Adderson, Anthony	1				1					1		30
Adderson, Henry	3		1						1			10
Adderson, Walter	2			1		3			2			7
Adderton, Richard		1			1							
Aguhart, John	3	1			1	1			1			
Aldridge, Jacob				1	1				1	1		19
Alihison, Henry	1		1						1			
Allen, Frank, free negro											4	
Allen, James, free negro											5	
Allen, Jno, free negro											9	
Allen, John	2	2			1	3			1		5	
Allen, Nace, free negro											5	
Allen, Oyster		1			1		2			1		25
Allen, William					1				1		7	8
Allford, Sarah									1			
Allin, Frank, free negro											4	
Allin, John	2	5		1		2		1	1			
Allin, Thomas	2			1		2			1			
Alvey, William	1			1		1	1		1			6
Anderson, Benjamin		2	2					1				3
Anderson, Jesse	1		1							1		
Anderson, John	2	1	1		1	3	1		1			7
Anderson, Samuel	1	2		1		2	1		1			2
Anderson, William		1		1								
Armstrong, Wm., free negro											9	
Arnold, Christopher	1	2			1	2			1			
Arnold, Richard				1					1			
Arnold, William		1		1		4			1			
Arvin, Elisha	1		1		1			6			18	53
Ashdon, John					2							2
Ashy, Townsend	1	2			1	2			1			
Atkins, John					1					1		
Austin, William	2			1		1		2	1			
Bacon, Fanny, free negro											6	
Baden, Alexander	1			1		1		1				10
Baden, John					1							10
Baden, John, Jr.		1		1		1	1	1				

Maryland Genealogical Society Bulletin

Head of the family	Free white males					Free white females					Other free persons	Number of slaves
	Under 10	10 - 16	16 - 26	26 - 45	Over 45	Under 10	10 - 16	16 - 26	26 - 45	Over 45		
Baden, John of Thos.		1	1	1	2	3	1			1		10
Baden, Robert					1	2	1		1			12
Baden, Thomas of Thos.	1				1		1		2			15
Baden, William			2	1			1			1		
Baker, William			1	1	1	2		5				
Baldin, Thomas	1				1					1		12
Balding, Thomas					1							
Baldwin, John	1	1		1		1			1			
Baldwin, Samuel	1	1		1		3			1			
Baldwin, William			1				1	2				
Baldwin, Zadock	1				1	3	2	1	1			4
Ball, Bennit	2			1		3			1			
Ball, Hilliry					1			2		1		
Ball, John	1			1		1		1				1
Ball, John, Jr.		1	2	1								3
Ball, John	1			1		1			1			1
Ball, Stephen				1						1		6
Ball, Thomas	1			1				1				
Berkley, William	2	2				2		1	1			
Barnes, Bassil					1	3				1		4
Barnes, Benedict			1									1
Barnes, Olliver	1		1	1		3	1	1				11
Barnes, Reazon	3			2		1		1				17
Barron, Daniel	2	1	1		1	3	2		1	1		5
Barron, James	3			1		3			1			
Barron, Oliver	1		1	1		4	2		1			5
Barrot, Joseph	1			1	1	1	2		1			
Barrott, Alexander			2		1	2	2	2		1		
Barrott, Isaac			1					2		2		
Barrott, Isaac	4			1					2	1		6
Barrott, Isaac	4				1				1	1		6
Barrott, Isaac	3	1	1						1	1		6
Barrows, Edward		1		1			1			1		5
Barton, John, free mulatto											4	
Barton, John, free negro											4	
Barton, Thomas, free negro											3	
Barton, William, free negro											6	
Basford, John			1									16
Batson, Susan, free negro											14	
Beach, William	1			1		5	1	1	1			
Beadly, Jacob, free negro											2	
Beadow, Allen				1			1		1			
Beadow, Jonathan		2			1		1	2		1		
Beadow, Mary						1		1	1	1		
Beadow, Richard			4		1		2	1	1	1		

P.G. Co. 1800 Census

Head of the family	Free white males					Free white females					Other free persons	Number of slaves
	Under 10	10 - 16	16 - 26	26 - 45	Over 45	Under 10	10 - 16	16 - 26	26 - 45	Over 45		
Beale, Aquilla	1			1				1		1		1
Beall, Azel				1								9
Beall, Andrew	2	2	1	1		2	2		1			1
Beall, Christopher					1	2	3	2	1			
Beall, David	2	1	1		1		3	1		1		3
Beall, David F.				1		1		1				3
Beall, Eleanor		1						4		1		1
Beall, George				1								4
Beall, Henry	2					1		1				
Beall, James			2		1					1		5
Beall, James	2	1	1		1	2	1	4		1		
Beall, James, Jr.	2			1		1			1			4
Beall, John			3		1			1	1	1		1
Beall, Jonas	3			1		1			1			1
Beall, Jonathan	1		1	1		3			1			4
Beall, Josias				1	1							43
Beall, Mary			1					1		1		6
Beall, Nathan			1									
Beall, Rezin	1			1	1	1		1		1		18
Boall, Robert A.	3			1				2				6
Beall, Shadrach			2		1	1	1	3				1
Beall, Thomas	2			1		1			1			2
Beall, Walter	1		1			1			1			
Beall, William			1					1				
Bealle, Patrick			2		1			2	1			23
Bean, Charles				1				1	1			
Bean, Daniel				1		1		1				
Bean, John	1	1		2		3			1			8
Bean, William	1	2		1		2		1	1			2
Beans, Colman				1				2	1	1		35
Beans, Doct. William					1					1		21
Beans, Elesworth				1				1				7
Beans, James H.			1									14
Beans, John					1			2				15
Beans, John	1		5	1	1	2	2	1	1	1		85
Beans, Noble					1							80
Beans, Samuel H.	1		2		1	1			1			1
Beans, William			2		1				1			31
Beans, Williams					1				1	1		21
Beavin, Charles	1				1	3		1				
Beavin, Charles, Jr.	4		1			2			1	1		4
Beavin, John	1		2		1	1		1				
Beavin, John				1		2			1			1
Beavin, William	1	2	1	1		2		1	1			2
Beck, James	3	1	1	1	1	1	1	1	1	1		7
Beck, John	1	2			1		1	2	1			
Beck, Rezin	1	2		2		2		2				7
Beckly, Fanny								2	1	1		
Bell, George			1		1					1		8
Bell, Jane, free negro											2	

Head of the family	Free white males					Free white females					Other free persons	Number of slaves
	Under 10	10 - 16	16 - 26	26 - 45	Over 45	Under 10	10 - 16	16 - 26	26 - 45	Over 45		
Bell, Sam'l, free negro											9	
Belt, Benjamin				1					1			10
Belt, Benjamin	1	1	1		1	1	1	2				3
Belt, Helan			1	1	1					1	2	8
Belt, Humphrey					1			1				32
Belt, Humphry	3			1		1			1			15
Belt, Joseph	3			1		1	1		1			1
Belt, Osburn		1	2		1		2			1		4
Belt, Osburn		2	1		1		2			1	1	4
Belt, Stephen		3		1		1			1			17
Belt, Tobias	1			1				1				16
Berch, Joseph		2		1		3			2			18
Berry, Benjamin	1	1			1		1	2		2		79
Berry, Demillion K.					1			1		1		
Berry, Elisha			1		1				1			85
Berry, William	1		1			1	1	1				
Berry, William	4			1			1	2				7
Berry, William W.	3			1		3				1	1	26
Berry, Zachariah	1	1	2		1		1			1		88
Bet, free negro											4	
Betts, Humphrey	3			1		1			1			15
Biggs, John	1		3	1		2	2	1				
Birch, Zachariah		1		1			1		1			1
Bird, John			2	1		1			1			10
Biscoe, George		2	1		1			1	2	1		11
Black, Joe, free negro											6	
Blair, Andrew				1								
Blanford, Joseph	4			1			1		1			8
Bob, Little, free negro											3	
Bob, free negro											6	
Bob, free negro											5	
Bond, Samuel					1			1	1			28
Bonifield, James				1	2					3		6
Boon, James, of Ignatius			1									4
Boone, Alexis	4	1		2		2	2		1			23
Boone, Francis		1		1		2		2	2			18
Boone, Ignatius	1		2	1		1			1			6
Boone, Ignatius	2			2		2		1				8
Boreman, Joseph				1	3	1			2	1		28
Boston, Tony, free negro											3	
Boswell, Caleb				1		1		1				1
Boswell, Henry	1		2	1		3	2		2			23
Boswell, Horatio	1			1				1		1		4
Boswell, John	2			1				1				
Boswell, Robert			2		1			3		1		
Boteler, Charles, black free											8	
Boteler, Edward	2	2			1	1		1	1			5
Boteler, Henry		1	1		1			1		1		3

P.G. Co. 1800 Census

Head of the family	Free white males					Free white females					Other free persons	Number of slaves
	Under 10	10 - 16	16 - 26	26 - 45	Over 45	Under 10	10 - 16	16 - 26	26 - 45	Over 45		
Boteler, John				1					1			2
Boteler, Letty, free negro											4	
Boteler, Lingan			1		1				2	1		1
Boteler, Mary, free negro											6	
Boteler, Walter	2			1		2				1		
Bowie, Eversfield			1						2			37
Bowie, John			1		1				1	2	1	54
Bowie, Margaret	1			1		1	1		2			30
Bowie, Robert		2			1	2	1	2	1			72
Bowie, Thomas	4			1						1	2	23
Bowie, Thomas C.				1								1
Bowie, Walter		1	2		1				2	1		63
Bowie, William					2					1		6
Bowie, William of Collingham		2	2	1						1		31
Bowling, Langly		1	1	1								10
Bowling, Sarah			1	2				1	3	1		16
Boyd, Benjamin	1			2		2			1			2
Boyd, Eleanor			1			1	2	1			
Boyd, John	3	1		1		2			1			1
Boyd, Joseph	3			1		4		1				10
Boyd, Margaret		2	1			1			1			1
Boyd, Thomas	3			1		2			1			
Brady, Nancy, free negro											1	
Brashears, Ann		1	1			2		1		1		4
Brashears, Barton	2			1		3			1			22
Brashears, Jacob				1					2			6
Brashears, John		1		2	1					1		
Brashears, John W.				1					1			1
Brashears, John W.				1						1		7
Brashears, Joshua	2	1		1		3			1			
Brashears, Rebecca		1		1				2	1	1		2
Brashears, Rich'd W.				2			1		1			9
Brashears, Thomas					4							5
Brashears, Wilkinson					1	1			1			
Brent, Thomas				1		3			1			6
Breshears, Belt	1	1		1		2			1			
Brett, Zedekiah	2	1		1						1		
Brian, John			2							1		
Brian, Osburn			1			1						3
Brian, Richard					1	3	1		1		1	
Brian, Sim				1	1					1		7
Brian, Thomas	1	2	2		1	3	1					6
Brightwell, Allen	2			1		2			1			
Brightwell, Catherine	1					2		1				
Brightwell, John					1					1		
Brightwell, John							2		1			

Head of the family	Free white males					Free white females					Other free persons	Number of slaves
	Under 10	10-16	16-26	26-45	Over 45	Under 10	10-16	16-26	26-45	Over 45		
Brightwell, John			1		1		1		1			8
Brightwell, Peter	2			1		2		1				
Brightwell, Rich. L.				1			1		1		1	9
Brightwell, Rich^d	3	1		1	1			1				5
Brion, Martha	1	1				1	1	1				
Briscoe, George		2	1		1				1	2	1	11
Britt, Hezekiah	1			1		2	3		1			
Britt, John	1			1		1			1			
Britt, Zedekiah	2	1		1		2			1			
Brook, Jno., free negro											7	
Brooke, Clement			1								3	30
Brooke, Henry	1			1		1		1				23
Brooke, Rachel	2					2			2			25
Brooke, Thomas			2									28
Brooke, Thomas	4			2					1			12
Brookes, Elizabeth								1		1		2
Brookes, Elizabeth									2			5
Brookes, John S.	2	2			1		1		3			60
Brookes, Sarah			1					1		1		1
Brown, Andrew	1		1					1				
Brown, Francis	1		1			2		1				
Brown, George	1	2	1						1			
Brown, John				1					2		1	
Brown, John					1				1	1	1	27
Brown, Thomas			1	1				3	1			
Brown, Walter	1		1				1	1				
Brown, William	2	1		1		4	1		1			
Brown, William	1	1			1	2	2		1			
Brown, William	2		1		1	1	1	2		1		
Brown, Zachariah					1					1		1
Browning, Edward	1		2		1	2		1	1			
Bruce, Thomas, free negro											3	
Bruce, William			1	1								
Bryan, Mary				1				2		1		1
Bryon, Thomas		.1						1				
Buck, Benjamin	4	1	1		1		1	1	1			7
Bucken, Robert			1	3	1				2	1		12
Buckett, Benjamin	2			1		2			1			1
Burch, Thomas			1		1	2		1		1		7
Burgee, Elizabeth			2			1		2	1			
Burgess, Arnold	2	1			1		1		1			
Burgess, Charles			3		1		1	1				23
Burgess, John		2	1		1		1	1				21
Burgess, William	1	3	4	1		1			2		2	
Butler, Fanny, free negro												
Butler, Henry, free negro											7	
Butt, Thomas		1			1					1		
Butterworth, Sarah		1								1		

P.G. Co. 1800 Census

Head of the family	Free white males					Free white females					Other free persons	Number of slaves
	Under 10	10 - 16	16 - 26	26 - 45	Over 45	Under 10	10 - 16	16 - 26	26 - 45	Over 45		
Byrne, John					1				1			
Cage, Brightwell				1		2	1		1			
Calvert, Edward	3			1				1				68
Calvert, George	1			1				1	1			77
Camden, Charles	1			1		1		2			1	2
Campbell, Arthur			1			3						
Campbell, James			1		1		1			1		
Campbell, Thomas			1					1				7
Canter, Zachariah	1			1		1		1				3
Carnes, John	2		1	1		1		1				8
Carr, Benjamin		1	1		1	1	2	4		1	1	8
Carr, Overton					1							7
Carr, Samuel				1		1		1				1
Carroll, Hezekiah				1		2			1		1	
Carroll, James	2			1		1			1			
Carroll, Margaret, free negro											1	
Carroll, Patrick	3			1				1	1			1
Carroll, Thomas	2		1	1		3			1			
Carroll, William, free negro											2	
Carpenter, Jesse	3			1			1		1			3
Carter, James	1	1		1		2			1			2
Carter, Joseph	2			1		1			1			
Carter, Poll, free negro											8	
Carter, Polly, free mulatto											2	
Cartte, John					1				1			7
Cary, William					1							6
Cassel, Zepheniah	3			1		2	1		1			
Castel, John					1				1			
Castele, Jesse				1					1	1		
Castite, Adam				2								5
Castle, John					1				1			
Cato, Benjamin			1									
Cato, Catherine		2	1			1		2	1	1		
Cato, Thomas	2			1		1			1			
Cato, William	3			1		1			1			10
Cave, Samuel					1							18
Cawood, Moses				1					1			2
Cecil, Philip				1				1				13
Cecil, Thomas	1			1		1			1			
Ceose, Michel	3	1		1							3	
Cesar, free negro						1			1	1		
Chaney, Mary									1			
Chany, Richard	1			1							1	
Charity, free negro												

Head of the family	Free white males					Free white females					Other free persons	Number of slaves
	Under 10	10 - 16	16 - 26	26 - 45	Over 45	Under 10	10 - 16	16 - 26	26 - 45	Over 45		
Charles, free negro											1	
China, Jesse	1	1			1	3		2				
Chiney, Mordecia	1				1	2		1	1			
Churb, George, free negro											1	
Churb, Rob't, free negro											2	
Church, Joseph				1		1		1				6
Church, Luke	2			2		1			1			4
Cissel, James			1		1							
Cissel, Richard	2		1					1				1
Cissel, Samuel			1					1				3
Cissel, Thomas	1			1		2			1			11
Clabo, John			2		1				2	2		29
Clagett, Charles			1		1			2		1		9
Clagett, Horatio			1	2		1		1				2
Clagett, John				1		2	2		1			24
Clagett, Joseph W.	1	1			1		1			1		12
Clagett, Sarah		1			1		1			1		10
Clagett, Sarah	1		2	1	1		1	1		1		22
Clagett, Thomas I.		1	1			2	2		1	1		24
Claggett, Joseph W.								1	1			
Claggett, Martha	1				1			1				13
Claggett, Nathaniel	1			1			1	1				5
Claggett, Thomas												
Clark, Shad'k, free negro											6	
Clarke, Abraham	1			1		3		1				1
Clarke, Abraham	4			1		1			1			5
Clarke, Benjamin			1									12
Clarke, Benjamin	2				1	1			1			3
Clarke, Betsey	2	1				1	2			1		12
Clarke, Daniel			3		1							13
Clarke, Elizabeth			1					1		1		
Clarke, Henry H.					1							4
Clarke, Isaac					1	2		2		1		
Clarke, James				1		2	1	1	1	1		45
Clarke, John	2	1		1		2			1			7
Clarke, Lavinia	1					2				1		
Clarke, Levin				1					1	1		9
Clarke, Sarah	1	2	1			1			1			6
Clarke, Thomas	1	1		1		1						
Clarke, William			1	1		1	1	1				1
Clarke, William T.				1					1	1		13
Clarin, Thomas				1	1					1		15
Claxen, Joseph					1				1			
Clemons, Samuel				1								
Club, William	2			1		1			1			
Clubb, Eleanor				1						1		
Clubb, John	1				1				1			

P.G. Co 1800 Census

Head of the family	Free white males					Free white females					Other free persons	Number of slaves
	Under 10	10 - 16	16 - 26	26 - 45	Over 45	Under 10	10 - 16	16 - 26	26 - 45	Over 45		
Clubb, Matthew	2				1	1			1	1		2
Coats, Richard	3	2		1			3	1	1	1		2
Cobey, William		1		1			1		1			4
Cole, Priscilla			1			1			1			
Collings, Priscy												
Collins, Henry, free negro								1			4	33
Compton, Henry T.	1			1		1		1		1		1
Conerway, John	2			1				1		1		1
Conick, William					1			3				27
Conner, John	2				1	1			1			19
Contee, Rich'd				2		1			1			7
Contee, Thomas	2	1		1				1				
Conway, Adderson		1		1		1		1		1		
Cook, Edward					1	1			1			1
Cook, Samuel	1		1	1		3		1	1			
Cook, Zadock		1	1		1		1	2		1		
Cooke, Benjamin	1			1					1			
Cooke, John				1		2			1			
Cooke, Joseph					1	2	1	3			1	9
Cooke, Thomas	1	1	1	1		1	1	2	2			20
Cooksey, Andrew	1			1			1					
Coolidge, Sam'l											13	
Cooms, Joseph								1			1	
Cooper, Jack, free negro	2			1								1
Cox, Charles	1			1			3		1			2
Cox, Francis	1				1			1		1		19
Cox, Richard				1		2		1				14
Cox, Walter B.		1		1		2		1				13
Cox, William			1					1	1			28
Covington, Alexander	1			1				1	1	1		15
Covington, Leonard				1				2	1	1		6
Crabb, Lucy						1	1		1	1		6
Cracklin, William						1					1	24
Cracroft, Jarot				1		3	2		1			2
Craig, Adam				1		2			2			
Cramphin, Richard	1	1		1	1	2			1			1
Crandal, Richard	1			2		2			2			3
Craton, John	1			1		2		1		1		22
Crauford, David			1				2					50
Crawford, James	3	1		1		1		1	1	1		2
Crawford, James					3	1						43
Crawford, Margaret				1		1						1
Crawford, Nath'l						1						7
Crawford, Thomas						1			1			
Crawfurd, David	1	1				3	1					
Craycrafts, Nicholas												
Craycroft, Bladen												

Head of the family	Free white males					Free white females					Other free persons	Number of slaves
	Under 10	10 - 16	16 - 26	26 - 45	Over 45	Under 10	10 - 16	16 - 26	26 - 45	Over 45		
Creycroft, Nancy						1			1			
Crooke, Ann		2	1						5	1		
Crooke, Chloe	1								1	1		
Crooke, John	1		1				1		1			
Cross, Fielder	2		1			2		1				12
Cross, Joseph	4	1		1			1	1	1			2
Cross, Joseph, Jr.			2					1	1			26
Crouch, James	1		1			1	1		1			
Crow, John	1	1	1			1	2		1	1	1	14
Culver, Henry	2		1	1					1			2
Cupid, free negro											2	
Curtain, Dennis	1	2		1		1		1	1			
Curtain, Edward		3	3	1			1	1		1		
Daniel, Perle, free negro											9	
Darnall, Robert			1	2								50
Darnel, John	1	1	1	1		2	2	2	1			10
Darnold, Jarrot	1	1	1			2	1		1			11
Dauharty, Patrick		1	1						2			7
Davies, George		1	1	1		1	1			1		8
Davies, Jeane		2						4		2		6
Davies, John	1		1						1	1		
Davies, Jonathan	3		1			1		1				1
Davies, William	1		1					1				2
Davis, Wm. free negro											2	
Daws, Josias				1		4			1			1
Dawsey, John		2	1	1				3	1			
Days, Luke	2			1		2			1			
Deakins, Leonard	1			1		1		3		1		22
Denah, free negro											4	
Denring, James			1			1		2	1			
Denoon, Jacob		1		1				1		1		
Denoon, Martha	1					1		1			1	
Dentt, Lewis W.	1	1						1				13
Dentt, Richard			1	1								16
Dentt, Washington	1	1						1				12
Devall, Charles	1	2	1	1		2	1	2	1			6
Devall, Colman	2	6	1			2			1			9
Devaun, Michael		1	2	1				1	1			
Devaun, Thomas	2		1			1			1			
Dover, Richard	4	1	1			2			1			26
Dimond, Charles	2		1	1				1		1		6
Dick, free negro											2	
Dick, Thomas	1		1			1		2		1		
Diggs, Catherine		1				1		2	1			24
Diggs, Mary			1		1				1			102
Diggs, Thomas				1	1			1				

Head of the family	Free white males					Free white females					Other free persons	Number of slaves
	Under 10	10 - 16	16 - 26	26 - 45	Over 45	Under 10	10 - 16	16 - 26	26 - 45	Over 45		
Hooper, John	1			1		3	1		1	1		
Hooper, Thomas		3			1	2		1	1			
Hopkins, Isaac	1			1					1			
Hopkins, Philip				1		1			2			
Hopkins, Sarah	1							1	1			
Hopper, Elizabeth									1	1		1
Howard, Jacob				1		1		1				1
Howard, Leon'd	1			1		1			1			3
Howard, Lucy				1					1	1		6
Howard, Thomas N.	2			1		1			1			22
Howes, Joseph (Hawes?)	2	1		1		1			1			
Howerton, Priscilla A.	1						1		1			
Hoy, Thomas	4	1			1		1		1			6
Hughes, John	2			1		2	2		1			1
Hughes, Theodore				1		1				1		
Hughes, William			1			1			1	1		
Hunt, John	1			1		1			1		4	
Hunt, Molly		1	1						1	1		
Hunter, John				1					1			
Hupherson, Samuel	1	2			1	2			1	1		2
Hurley, John	3			1		1	1		1			6
Hurley, Salem	2	1		1		2			1			4
Hurley, William	2			2		2	1		1			2
Hutcherson, James	1		2		1		2			1		
Hutcheson, W.												
Hutchinson, John	1		1		1		3			1		
Hutchinson, Nathan	1		1		1	3	1	1		1		
Hutchinson, William				2	1			2		1		16
Hutchinson, William				2	1			2		1		12
Hyde, Benjamin	1			2		3			2	1		
Hyde, George	3	1			1	2	2		1			
Iglehart, John	3	2			1			1		1		1
Iglehart, Mary										1		9
Isaac, Sutton	3			1		1		1				3
Isaacs, Joseph		1	1	1		3			1			1
Isaacs, Richard	1		1	1		3	3		1			5
Ivengoin, Jeremiah					1					1		
Jackson, Alexander	1				1			1	1	1		11
Jackson, Elizabeth		2	1			2	2	2		1		9
Jackson, Edw'd, free negro											9	
Jackson, Mary		1							1			10
Jackson, Wall, free negro											5	
Jackson, William	2			1		2	1		1			
Jacobs, Mordecai	1	2			1	2	1		1			

P.G.Co 1800 Census

Head of the family	Free white males					Free white females					Other free persons	Number of slaves
	Under 10	10 - 16	16 - 26	26 - 45	Over 45	Under 10	10 - 16	16 - 26	26 - 45	Over 45		
Henry, free negro											2	
Henry, Doctor, free negro											2	
Henry, John		1		2		2			1			
Hepburn, Samuel	1	1	2		1		1		1			25
Hercant (Hersant), Mary		1	1			1	1	1				
Hern, John	1			1					1			1
Hevener, Michael		2	2	1	1	2			1			10
Hewit, Thomas				1	1				2	1		10
Hickman, John, free negro											4	
Hiett, Christian	1				2			1	2			10
Hiett, Mary						2	1		1			6
Hiett, Seth		3	1			1		4		1		
Hiett, William		1	1		1					1		
Higdon, Benjamin					1			1		1		
Higdon, Ignatius	1			1				1				
Higdon, James		3		1		3	2		1			
Higdon, Thomas	3					1			1			1
Higgons, Martha		1				3				1		4
Higgons, Samuel			1			1		1				19
Hill, Clement												90
Hill, Clem't	1		2		1			1		1		24
Hill, Elizabeth			1						1			15
Hill, Henry	2	3			1	2	1			1		46
Hill, Richard				1					1	1		
Hille, James	1			1								19
Hillery, George		1			1	1	3	1	1	1		
Hillery, John	1				1	1		3				16
Hillery, John	2			1		4			1			40
Hillery, Tilman	2	2	2	2	1	2		1	1		3	15
Hillery, Walter	1				1		1			1		3
Hilton, Elizabeth				1		1			3	1		
Hinton, B				1		1						
Hinton, Gideon			1	1		1		1	2		1	
Hinton, J.			1		1	2		2		1	2	
Hinton, James	1			1		1		1	1			
Hinton, John				1				1				
Hinton, John, Jr.	1			1		2	1		1			
Hinton, Mary	1					1		2	1			
Hodge, Charles			4						3			
Hodges, Charles R.					1	1	1			1		18
Hodges, John		2		1		1		1				8
Hodges, John of Thos.			1	1		2						5
Hodges, Thomas R.				1		1			1	2		4
Hodskin, Philip	1				1				1			13
Hodskin, Thomas					1	1			1			14
Hoges, James	1			1					1			18
Hoges, Thomas R.					1			3	1	1		18
Holly, Thomas	1	1		2			1		3	1		5

Head of the family	Free white males					Free white females					Other free persons	Number of slaves
	Under 10	10 - 16	16 - 26	26 - 45	Over 45	Under 10	10 - 16	16 - 26	26 - 45	Over 45		
Hamilton, Francis			1	1		5	1		1	1		15
Hamilton, Gavin			1					1				5
Hammilton, Andrew			1		1					1		9
Hanley, James					1					1		5
Hannah, free negro											4	
Hanson, Thomas		2	1		1			1		1		17
Harbert, Jno., free negro											4	
Hardacre, William		1	2		1			1			1	
Hardey, Elvera	1					1	3		1			3
Hardey, John F.	1			1		2			1			19
Hardey, Mary			2					5	2	1		
Hardey, Theodore	1			1				1				4
Hardy, Anthony	1	1	1		1		2			1		34
Hardy, George	2	2	1		1	2	1	1	1			
Hardy, Henry			1		1		1	1	2			45
Hardy, Jesse	1			1					1			3
Hardy, Jonathan	1			1				1				6
Harris, John			1	1	1					1		27
Harris, Joseph					2				2	1		
Harris, Josias	1	1			1	4		2				9
Harrison, Richard					1							3
Harrison, Thomas		1			1	4	1	1				
Harvey, Henry	3				2	1			1			8
Harvey, James				1		3		1				4
Harvey, James	3				1				1			2
Harvey, Leonard			1	1				1	3			8
Harvey, Mary								3		1		
Harvey, Newman	1	2	1		1	1	1	1		1		7
Harvey, Richard	1			1		1		1				
Harvey, Thomas	2			1		2			1			1
Harwood, Benjamin	1				1				2	1	1	33
Harwood, Thomas				1								9
Hatton, Bassil			1	1						1		22
Hatton, George	3	1			1	1	1	1		1		23
Hatton, Henry		1		1	1	1			1			23
Hatton, James	1				1			1	1	1		15
Hawkins, George				1							7	
Hawkins, James					1					1		25
Hawkins, Rubin		1			1				1	1		7
Haxton, Stanislaus	1		1						1			39
Hay, Robert					1					1		7
Hayfield, John, free negro											4	
Hays, Thomas	1		1		1	1		2	1	1		8
Hazard, John	2			1		2			2			
Hellen, Jesse												
Helrigar, Balser					1							
Hennis, Benjamin	3			1		1			1			
Hennis, Sam, free negro											5	

P.G. Co 1800 Census

Head of the family	Free white males					Free white females					Other free persons	Number of slaves
	Under 10	10 - 16	16 - 26	26 - 45	Over 45	Under 10	10 - 16	16 - 26	26 - 45	Over 45		
Gray, Benjamin, free negro											6	
Gray, Caty, free negro											7	
Gray, Hugh	2			1		1		1				
Gray, James	2			1		2	1		1			
Gray, Leonard		3			1		1	2	1			
Gray, Leonard	3			1					1			
Gray, Mary, free negro											1	
Gray, Milly, free negro											5	
Gray, Peter, free negro											3	
Gray, Rich'd, free negro											1	
Gray, Thomas, free negro											3	
Gray, Thomas	2		2	1		3			1		1	
Green, Jacob		2	1		1							24
Greenfield, Margaret		2							1			9
Greenfield, Walter T.				1					3	1		43
Greenwell, Jesse		2	2	1	1				1			12
Greer, William I.	1	2	3	1				1	1		2	
Gregory, James			1			2		1		1		
Grey, Walter												
Griffin, Edward	1	1		1		2			1		2	
Griffin, William				1		2		1			1	
Griffith, Sarah, free negro											3	
Griggry, John					1					1		
Grim, Bennet												
Grimes, Isaac				1		1		1			1	
Grimes, John	1	1		1		1	1			1		
Grimes, John T.	3	1			1	1	1					
Guy, Walter				1		1			1	1		5
Gwinn, Bennett	3			1								13
Hagan, Nathan	2		1		1		3		1			2
Hagan, Thomas		2	2		1		1		1			6
Hall, Ann	1		2				1					11
Hall, Benjamin	1	1	1	1	1		1	2				59
Hall, Francis H.		1	2			1		2				13
Hall, Francis M.	1		1			2		1				39
Hall, Henry			1									29
Hall, John, free negro											14	
Hall, Mary										1		
Hall, Nath'l		1	1		1		1	2		1		58
Hall, Rich'd			1	1	2	1		1		1	1	7
Hall, Rich'd D.			1	1						1		4
Hall, William	1	1	1		1					1	1	
Halleigar, Christian										1		
Hambleton, Ann												

Head of the family	Free white males					Free white females					Other free persons	Number of slaves
	Under 10	10 - 16	16 - 26	26 - 45	Over 45	Under 10	10 - 16	16 - 26	26 - 45	Over 45		
Fry, George		1		1		2	1		1			
Fry, Leon'd				1		1		1				
Fullers, John	3	1	1		1	2	1	1		1		
Furr, Bennett	1			1		1		1				
Furr, Nicholas				1	1	1		1				
Galliham, John	2		1		1	1		1		1		
Galwith, Jonas					1					1		1
Gamboll, Thomas	2		1	1					1			
Gantt, Charles	1			1					1			13
Gantt, Edward	2	1		1		2			1			4
Gantt, Fielder			1									12
Gantt, James		1			1							12
Gantt, Levi		2			1	3	1	2	1			39
Gantt, Thomas					1							39
Gardiner, John	3			1		2		1	1			
Gardiner, Joseph	2			1		1		1				
Gardiner, Peter	2			1		2			1			
Gardiner, Sarah				1				1		1		
Gardiner, Thomas	1			1		1		1				
Gardiner, William			1			1						
Gardner, Benjamin	1			1		2				1		
Gates, Edward		2		1		1			1			
Gates, Edw'd, free negro											2	
Gates, Elisa, free negro											4	
Gates, John		1		2						1		
Gates, Jos.		2		1		2						
Gates, Sam, free negro											4	
German, Stephen					1		1	3	1			
Getting, William	2		1			1			1			1
Gibbons, Alexander	2		1						1			1
Gibbons, George			1			1		1				5
Gibbons, John		1	1	1		1		2		1		2
Gibbons, John Jr.	1		1	1		1			1	1		
Gibbons, Sarah	2	3	2	1		1	2	2		1		2
Gibbons, Susanna								1				8
Gibbs, John H.	3	1		4		1		1			1	7
Gill, Joseph	1			1	1	1		1		2		1
Ginkins, John P.			1						3			
Glascoe, Elizabeth				1		1		1				3
Godart, Stephen				1	1				1			
Godert, John	1		1	1		3		1	1	1		3
Godman, Humphrey	1		2						1			
Gordon, John	2		1		1	1	2		2			9
Gover, William					1							2
Grace, Redman											3	
Graham, Charles, free negro												

P.G. Co 1800 Census

Head of the family	Free white males					Free white females					Other free persons	Number of slaves
	Under 10	10 - 16	16 - 26	26 - 45	Over 45	Under 10	10 - 16	16 - 26	26 - 45	Over 45		
Estep, Thomas	1			1		1			1			1
Evans, Bassil	1			1		2	3		1			12
Evans, John				1	1				3			
Evans, Priscilla		1				2		1	1			2
Evans, Samuel	2	2		1		1	1		1			44
Eversfield, Charles		1	1		1	1			1			17
Eversfield, Marshall				1		2	4		1			95
Eversfield, Susanna		1										
Fan, George				1		1			1	1		2
Farman, Lettice	2					1		1				
Farr, George				1				2				3
Farro, Jason				1		3			1			2
Farrol, Benjamin	1	2		1								3
Farrol, Thomas	2			1		3			1			9
Farroll, Benjamin	1	2	1			1	1	2	1			2
Farroll, John	4	1		1		3	1	1				
Farroll, William	2	1		1		1				1		2
Felton, Thomas	1					1						5
Ferguson, James			2							1		
Ferguson, Josias			1	1	1	1				2		5
Fields, Ann									1	1		8
Fields, Elisha					1					1		
Filbert, Ann			1	1								
Finley, James					1	1	1	1	1	1		20
Fisher, Richard				2					2	1		
Fitzhugh, Philip	2			1					1	1		5
Ford, Henry									1	1		5
Ford, Margaret		1	1						1			
Ford, Susanna						1			2			
Fowler, Abraham	3			3		2			2			
Fowler, Abraham	2			2						1	1	8
Fowler, Abraham	1				1			1		1		3
Fowler, Esther					1				1			
Fowler, Joseph	1			1		2	1		1			5
Fowler, Samuel	1			1					1			3
Fowler, Samuel	1			1						1		
Fowler, William	3	1			1	3	4	2	1	1		
Fowler, William			1	1		2	1		1		1	
Fraizer, John		1			1	1			1	1		
Francis, Alexander						2				1		
Frazier, Archib'd					1			1		1		1
Frazier, Hitty	1	1	1	1		2	1	1	1	1		1
Frazier, James				1	1							
Frazier, Lewis												
Free, George, A.												
Free, John												
Freeman, Charles												

	Free white males					Free white females					Other free persons	Number of slaves
Head of the family	Under 10	10 - 16	16 - 26	26 - 45	Over 45	Under 10	10 - 16	16 - 26	26 - 45	Over 45		
Duvall, Joseph					1		1	1		1		3
Duvall, Joseph								1				2
Duvall, Marine		1	1	1		3	3	2	1			7
Duvall, Paul			2						1			9
Duvall, Samuel		1		1			1	2	1	1		11
Duvall, Sarah			1			1	1	1				12
Duvall, Thomas		1	3		1	1	1	1		1		1
Duvall, Thomas, Jr.	2		1			1						1
Duvall, Tobias	1			1		2		1	1			10
Duvall, Zadoc	1		1	1		1	1	3	1			14
Dyer, Francis			4		1	1		2	1			8
Dyer, Giles	4	2	1		1	1	2	2		1		
Dyer, Thomas			2		1							35
Dyler, Samuel	1	1		1	1							
Early, Benjamin	3			1			2	1	1			3
Earley, Thomas	1	2			1							5
Eastern, Samuel, free negro											2	
Eastwood, Benjamin			1	2	1		1	2	2			7
Edelin, Alexis			1							1		3
Edelin, Barton					1							14
Edelin, Edward	1			1	1	1		1	1			42
Edelin, Edward		1		1					1			6
Edelin, Jesse			1	2				2	1	1		5
Edelin, Mary				2					1	1		12
Edelin, Priscilla		1	1						1	1		14
Edelin, Richard				2	1				2			29
Edelin, Richard					1					1		9
Edelin, Thomas P.			1					1				7
Edmonson, Arch'bd	3	3		1					1			2
Edmonson, Brook	1			1						1		21
Edmonson, Menian		1	1		1					1		4
Edmonson, Ruth			1	1		1			1			2
Edmonson, Thos., Jr.	3				1					1		2
Edwards, J.				1								2
Elliott, William	1	1	1	1		1	1		1	1		4
Ellis, Elisha	2	1	1				1		1			7
Ellis, Elizabeth				1	1			1	1	1	4	4
Ellis, John			1							1		6
Elson, Archib'd				1	1				1			1
Elson, Joseph P.					1	1		1				
Emison, Leonard								4				
Erwin, Charles	1		1			4			1			2
Ervin, Henry	1	1		1		2	1					
Estep, Benjamin					1	1			1			
Estep, John												
Estep, Mary												

P.G. Co. 1800 Census

Head of the family	Free white males					Free white females					Other free persons	Number of slaves
	Under 10	10 - 16	16 - 26	26 - 45	Over 45	Under 10	10 - 16	16 - 26	26 - 45	Over 45		
Digman, Philip				1						1		
Dimond, Charles	2			1	1			1		1		6
Dinah, Old, free negro											2	
Diver, Richard	4	1		1		2			1			26
Doctor, Henry, free negro											2	
Dodson, John	5		1	1	12	4	4		5	9		1
Dorsett, Fielder	3		1	1					2			22
Dorsett, Thomas					1			1	3	1		
Dorsett, Thomas K., Jr.				1	1	2	1	1				7
Dorsett, William	1	1		1		2	1					11
Dorsett, William					1					1	.	30
Dorsey, John	1			1		2			1			
Dove, Isaac				1								
Dove, Richard		2			1	3		1		1		
Douty, Mary										1		
Downs, Mary A.									3			
Downs, William			1		1					1		5
Downs, Wm., free negro											8	
Drain, Anthony	4	2	1		1	1			1			3
Drain, Anthony	1			1		2			1			9
Drain, James	5	1			1	1			1			3
Drain, Stephen	2			1				1				1
Druery, Nace				1				1				4
Duckett, Allen				1	1							59
Duckett, Barruch				1	1	2						47
Duckett, Isaac					1				1			10
Duckett, Jacob	1	2	2		1	2		1	4			32
Duckett, Richard				1	1	3		1				12
Duckett, Rich'd J.	1			1			1	2		1		
Duckett, Samuel	2	1	2		1					1		46
Duckett, Thomas			2	1					1			
Dunbar, Alexander					1	1			1			
Dunford, William	3	1	1	2			1		1			2
Duraty, William			1	1	1				1			25
Duvall, Alexander				1								
Duvall, Barton		1	1	1			1			1		8
Duvall, Benjamin					1		1			1		1
Duvall, Benjamin	1	2	1		1	2	1	2		1		6
Duvall, Charles	2		6	1		2			1			9
Duvall, Colmon				1					1	1		12
Duvall, Deliner												
Duvall, F--1 (page torn not legible)			2						1	1		9
Duvall, Fred'k	2			1				1		1		20
Duvall, Henry				1								
Duvall, Howard				1	1			3		1		15
Duvall, Jacob	2	1		1	1	3			1	1		4
Duvall, John	1		1	1	1				1			

Head of the family	Free white males					Free white females					Other free persons	Number of slaves
	Under 10	10 - 16	16 - 26	26 - 45	Over 45	Under 10	10 - 16	16 - 26	26 - 45	Over 45		
Pain, John	1			1			1		1			
Pain, John	2	1		1			1		1			2
Palmer, William			1	2		1	1	1	1			
Parker, Thomas			1	1	1	3		2	1			4
Parker, Walter S.				1								27
Parkins, Sam'l	1			1		2			1			
Parmentary, Allen				1	1				1	1	2	
Patt, free negro											2	
Patterson, George					2					1		
Peach, Joseph			1	1		1		1				3
Peach, Richard		1	2		1	2	2	1		1		17
Peach, William A.	1		3	1		2		2				4
Peck, David, free negro											6	
Peck, John, free negro											2	
Pee, James, free negro											4	
Peerce, John		1	1									1
Pennyfield, Thomas		2			1	3				1		
Perce, Charles		1		1	1	1		1		2		3
Perce, Susanna	2	1				1			1			3
Perkins, William		1	2		1		1	1		1		10
Perle, Daniel, free negro											9	
Perrie, George			3									
Perrie, John			2	1								11
Perrie, Rich'd	1			1					1			5
Philburn, Anthony					1					1	3	2
Philip, free negro											3	
Philips, Jesse	1			1		1			1			
Philips. Jonathan					1							2
Pickerson, Richard				1								
Pierce, Thomas	2	1		1		1			1			
Pierce, Susanna				1		2				1		
Piles, Dorotha		4		1		2	3	4		1		
Piles, Richard				2		1		2				3
Piles, Hillery	3		1	1					1			
Plume, Cupid, free negro											6	
Plummer, John	1	1	1	1			2	1	1			18
Plummer, Mardeca				1				2		1	7	10
Poll, Old, free negro											7	
Pollinger, Mary	3	2				2	1		1			70
Pomfrey, Gabriel				1		1			1			
Pomp, Verlinda, free negro											3	
Pomphry, William	2	1		1		3			1			7
Ponsonby, Richard					1					1		2
Pope, Elizabeth			1	1				1	2	1		15
Pope, Humphry			3	1		2		1				
Pope, Levy				1		1			1			

P.G. Co 1800 Census

Head of the family	Free white males					Free white females					Other free persons	Number of slaves
	Under 10	10 - 16	16 - 26	26 - 45	Over 45	Under 10	10 - 16	16 - 26	26 - 45	Over 45		
Naylor, Joshua	1		1		1		1		1			10
Naylor, Swarky George				1	1				1	1		4
Ned, free negro											3	
Ned, free negro											1	
Neil, Sarah			3	2				2		1		19
Neil, Thomas, free negro											10	
Nell, free negro											3	
Nell, free negro											3	
Nevitt, John	1		2		1		1	1		1		1
Nevitt, Thomas			1			2	1		1			9
Newman, George	2				1	2			1			3
Newman, Verlinda		1	2	1				2		1		36
Newton, Nathan			1		1				1			14
Nichols, Edw'd	1	1	1		1			1	1			
Nichols, Martha		2							1	1		6
Nichols, Philip					1							1
Nicolson, Jeremiah	1	1	2	1				1				
Nicholson, Rebecca									3	1		
Noland, Nelly									1	1		
Nothey, Nathaniel		1	2		1	2	1		1	1		
Nowell, James				1		1			1			2
Oden, Benjamin	2			2	1	4			2			70
Oden, Michael				1		1				3		6
Ogdon, Rode					1							34
Ogle, Benj'm, Jr.	2		2	3		4		1				49
Olliver, Cornelius	1	1	1	1		2		2		2		
Oneil, Mary A.			2		1	2	1	1		1		1
Oneil, William							1	1	1	1		1
Onion, Nancy	1				1	2			1			12
Orme, Moses			3		1			2		1		2
Orme, Robert	1			1		2		1				1
Osburn, Alburn	2			1		1			1			5
Osburn, Dennis	2	2	2	1		4		2		3		11
Osburn, Francis	3			1		2			1			9
Osburn, John			1		1		1		1	1		
Osburn, Joseph	1			1		2			1			2
Owings, Charles					1			1				7
Owins, Benjamin		2			1			1	1			
Owins, Joseph	2	2	1	1			3	1	1			7
Owins, Samuel												
Padgett, Zachariah					1							
Page, George				2								6
Page, George				1								6
Page, Thomas			2					1		1		
Pain, Francis			1		1							

Head of the family	Free white males					Free white females					Other free persons	Number of slaves
	Under 10	10 - 16	16 - 26	26 - 45	Over 45	Under 10	10 - 16	16 - 26	26 - 45	Over 45		
Mitchell, Ursulia		1	1					1		1		3
Mobley, Hezikiah	1			1		1		2				
Mobley, Mary			2					3		1		
Mobley, Thomas				2								
Mockbee, Darcus		1	2					1		1		
Mockbee, Samuel	1			1				1				
Mockbee, William	1	1		1		3	2		1			
Moisel, Kidd	3		1			2		1				3
Moland, Elisha			1		1	2		1				
Moland, John	2											5
Moland, Samuel	1			1					1			7
Moland, Thomas			1					1				9
Moor, George	1				1	3			1			7
Moor, Josias		2		1			2		1			
Moore, Josias		1		1		1	1	1	1			9
Moore, Zadoc	1		1			2		1				
Moran, James				1		3	1	4				1
Morford, Obediah	1	1		1		3	1		1			
Morgan, Mary										1		
Morris, Daniel			1		1					1		
Morris, Daniel				1	1			1		1		1
Morris, John	1							1				
Morrow, John			1					1		1		
Morton, Robert		1			1			1				1
Morton, Samuel	1			1		1		1				17
Morton, William		2			1							
Muburn, James	2			1		2	1		1			2
Mudd, Benedict				1								9
Mudd, Sarah	1		1					1		1		18
Mudd, Thomas	1		1		1			3		1		4
Mudd, Walter	1			1		1			1			
Mullican, James	1		1					1				49
Mullican, Joseph		3	1		1			2		1		6
Mullican, Richard	1		1	1			3			1		
Mullican, Samuel	1			1				1				
Mullican, Samuel	3				1	1	1			1		
Mullican, Thomas					1					1	1	3
Mullican, Thomas			1									
Mullican, Walls	1	1		1					1			
Mullican, Walter	1	1		1					1			
Mullican, William	2		2		1	1	2			1		12
Mundell, Thomas	1			1		1			1			
Murphy, Daniel	2	1		1		1			1			
Murray, John	2		2	1					1			
Nace, free negro											5	
Nancy, free negro											2	
Naylor, Benjamin	1			1				1	1			9
Naylor, George, Jr.	1				1	1		1				

P.G. Co. 1800 Census

Head of the family	Free white males					Free white females					Other free persons	Number of slaves
	Under 10	10 - 16	16 - 26	26 - 45	Over 45	Under 10	10 - 16	16 - 26	26 - 45	Over 45		
Magruder, Sarah					1					1		4
Magruder, Susanna P.	2	2				1		2	1			13
Magruder, Thomas					1							11
Magruder, Thomas	1		1					1				3
Magruder, William	3			1				1				1
Magruder, William					1							
Mahany, Henry		1							1			
Mahanny, Edward		2			1					1	1	1
Malony, Ann	1			1		1		1		1		
Mangan, Henry	2			1				1				1
Mangan, James	3	3	2		1		1	1		1		
Manning, John			3		1					1		29
Mansfield, William	3				1				1			
Marbury, Luke			1	1		1	1		1	1		25
Marlow, Dorothy									1	1		17
Marlow, John			1				1	1	1			14
Merlow, William		2	2	1		3	1		1			7
Marshall's, Capt Quarter												5
Marshall, Richard			1							1		
Marshall, Richard	2	2	2	1		2	2		1			2
Marshall, Thomas	2			1				1				34
Marshall, William	2	1		1		1		1	1			6
Martin, Caleb				1		1		1				
Martin, William					1			2		1		
Marton, Smith				1								4
Marton, Smith	3	2		1					1			3
Mattingly, James		1			1	2			1			
Mattox, Erasmus				1		1			1	1		1
Mattox, Noah	1			1			1			1		5
Mayhew, Edward	2				1				1			
Mayhew, Mary		1		1								
Mayhew, Mary		2					1	1	1			
Mayhew, Nelly	1							1				
Mead, William		1			1		1			1		
Mead, William, Jr.			1			2		1				
Meeks, Westly			1					1				1
Meniss, Dorothy			2					1		1		
Messenger, Joseph		1	1		1			1				
Middleton, Isaac					1	2	1		1			
Milchel, Alexander	1		2	1				1				4
Miles, Edward	1			1					1			2
Miller, Elizabeth						1	1	1	1			
Mitchell, Charles				1								
Mitchell, Elizabeth				1						2		13
Mitchell, John					1					1		
Mitchell, John	1		1		1	1		1				
Mitchell, John	1			1		2	1		1			
Mitchell, Sarah							1	1	1			
Mitchell, Sarah	1		2			2		3	1			
Mitchell, Thomas	1	2			1	1	2			1		1

Head of the family	Free white males					Free white females					Other free persons	Number of slaves
	Under 10	10 - 16	16 - 26	26 - 45	Over 45	Under 10	10 - 16	16 - 26	26 - 45	Over 45		
Lowe, Henry A.	2		1					1				5
Lowe, James	3			1		2		1	1			
Lowe, James	3			1		2		2				
Lowe, John		1	1		1		1	2				14
Lowe, Mary			1						1	1		2
Lowe, Michail			1		1			3	1			17
Lowe, Nathaniel	2			1				1				
Lownes, Richard				1		2			1			11
Lowns, Benjamin	3				1	2		1	3		1	6
Lucus, Adam			2		1	2		1	1	1		
Lusby, Samuel				1	1					1		4
Lusby, Thomas		1			1	1		1		1		
Luster, David			1				1	1				
Lydia, free negro											2	
Lyles, Thomas	1			1		1			1			21
Lyles, William	1	1			1	1	3	1		1		62
Lynch, John S.	2	1		1					1			
Lynch, Rebecca	1					2			1			
McAboy, Zadoc	1	2	3	1		2		1	1			4
McClearin, Anny	1								2			
McCoy, Hugh	3			1		1		1				
McDaniel, John			2		1	1				1		8
McDaniel, Josephus	1		1			1		1				
McDowell, Samuel				1					1		1	
McDowell, William	2	1		1		2				1		
McGill, Robert	3			1					1			15
McGill, Thomas	1			1								9
McKearne, Hugh H.				2								1
McNew, Bassil	2	1	1		1	1	1		1			6
Mackall, Benjamin	1	2		2		2			1			41
Maddox, Notley			1	1	1			1	1		1	18
Magee, Daniel	1			1		2		1	1			
Magee, David	1			1		1			2			1
Magill, John	2		2	1		1	2		2			10
Magruder, Alexander	2		1		1		1		1			
Magruder, Dennis	2	2		1			3	1	1			47
Magruder, Francis				1		2	2		1			26
Magruder, Henderson					1				1			42
Magruder, Isaac					1	3		1				6
Magruder, James				1				2	1	2	1	26
Magruder, James A.				1		2		1				25
Magruder, John R.			2		1			1				58
Magruder, John R., Jr.				1				1				27
Magruder, John S.				1		2	1		1			21
Magruder, Mary	2					3			1			14
Magruder, Samuel				1		1						5

P.G. Co 1800 Census

Head of the family	Free white males					Free white females					Other free persons	Number of slaves
	Under 10	10 - 16	16 - 26	26 - 45	Over 45	Under 10	10 - 16	16 - 26	26 - 45	Over 45		
Lannum, Beersheba			1				2	1	1			
Lannum, Eli		1			1							
Lannum, Elias	2	1			1			3		1		
Lannum, John	1		1							1		1
Lannum, Richard	1			1		1				1		9
Lannum, Samuel					1					1		6
Lannum, Solomon		2	1		1		1	1	1			7
Lansdale, Isaac	2		1	1		1		1	1			25
Lansdale, Thomas	1		3		1		2	1	1			17
Lanum, Elizabeth			2						1	1		
Lanum, George H.	1			1					1		2	7
Larry, free negro												
Lattimore, Thomas		1		1					1			7
Lawson, William	2	4			1	1		1	2			
Lawson, William	2	2		1		2		2	1			
Leach, James	2			1		1			1			
Leach, John	2				1	1				1		
Leeper, George R.					1							18
Lemar, Rich'd					1			1		1		
Lemar, Richard, Jr.			1					1				30
Lemasters, Zekiel		1		1		5			1			5
Lenchcum, Edward				1		3			1			
Lenox, Lanty	1			1	1			1		1		
Letchworth, Rebecca			1	1			1	3		1		6
Lewis, Daniel	1			1		2			1			1
Lewis, Hugh	1		1	1		2		1				
Lewis, Thomas			1		1	1	1			1		10
Linch, Barton,				1					1	1		
Linn, Valenites					2							2
Linsey, Adam				1								2
Linsey, Adam				1								1
Linsey, George				1		1		1				5
Linsey, John	2				1	3		1		1		1
Linsey, Thomas	1	1		1		1		1				1
Linsey, Sarah						2				1		
Littleford, Thomas	2			1				2				
Lloyd, Daniel	2	2	2	1		2			1			
Locker, David	2			1		2		1				
Locker, Isaac	1			1		2		1		1		
Locker, James	1				1	1			1	1		
Locker, Thomas	1	1		1		2			1			
Lockwood, Ann			1			1				1		
Lofner, Ann (Lipner?)	1									1		
Lovejoy, John	2		1		1	1		4		1		8
Lovejoy, Michael	1				1	2		1	1			1
Lovelace, Bassel	1		1					2				
Lovelace, Isaac	1		1			2		1				
Lovelace, Luke			1		1			1		1		
Lovelace, William	2			1		1		1				
Lowe, Barbara									1	1		12

Head of the family	Free white males					Free white females					Other free persons	Number of slaves
	Under 10	10 - 16	16 - 26	26 - 45	Over 45	Under 10	10 - 16	16 - 26	26 - 45	Over 45		
Kate, free negro											5	
Keadle, John	1		1					1				
Kean, Sarah	1		2					1	1	1		
Keith, Timothy					1					1		
Kerrick, Elizabeth	1						1	1		1		
Kerrick, Francis				1		2		1				
Kerrick, Henry	3	1	1	1		1			1		1	
Kerrick, Marine	1			1		1	1		1			
Kerrick, Patty (Polly?)	1					1			1			
Kerrick, William	1		1			1		1				
Middle, Wiseman	1			1		3			1			4
Kidwell, James	1				1	3			1			3
Kidwell, John	3			1				1	1			
Kidwell, Josias	1			1				1				1
Kidwell, Leonard			2		1				1	1		2
Kidwell, Marshall	4	2	2		1			1	1			
Kidwell, Nehemiah	1		1			3			1			
Kidwell, Samuel	2	1		1	1	1		2				1
Kidwell, Thomas				1	1			1				8
King, Charles	2	1		3		1		2				2
King, Elisha		3	1		1	3		1		1		
King, Henry					1			4		1		
King, Jacob	2			1		1			1			
King, Jane						1			2			
King, John	1	1		1	1	2		1	1	1		1
King, John	1	3		1		2			1			
King, Mary						2		1				
King, Richard		2	2		1		1	2		1		
King, Richard	1			1		1		1				
King, Thomas			3		1			2		1		1
King, William	1			1		3		1	1			
King, William, Jr.				1					1			
King, William					1	1			2			9
Kirby, Francis	1			1		1			1			9
Kisel, Mary			2							2		
Kiser, Frederick	3				1	2			1			
Knott, John	1	1	2			1	1	1		1		
Moons, Frederick	3	1			1	2	1		2			9
Ladyman, Levin	4				1	1	1		1			
Lambert, John B.					1	3			1			4
Lancaster, Leefia free negro											8	
Landley, Mar		1	3					1		1	3	
Lane, Thomas, free negro						1			1			
Langley, Athanalius		2	1	1					1	1		
Langly, Martha				1		1			1			
Langoley, Samuel				1	1					1		
Lannum, Aquila												

P.G. Co. 1800 Census

Head of the family	Free white males					Free white females					Other free persons	Number of slaves
	Under 10	10 - 16	16 - 26	26 - 45	Over 45	Under 10	10 - 16	16 - 26	26 - 45	Over 45		
James, free negro											6	
James, James	7			1	1	2			2			3
Jane, free negro											8	
Jefferies, Bnaj'a B.	1			1		2			1			9
Jefferies, William			1	1	1	1			1	1		10
Jefferson, Thomas	3			1		1			1			
Jenkins, Francis		2			1		1	3	1			
Jenkins, Isaac	2			1		1			1			
Jenkins, Jason	1			1				1	1	1		9
Jenkins, William	1			1	1							1
Jenkinson, Thomas	1				1	2	1		1			5
Jennings, Jemima	2								1			3
Jenny, free negro											4	
Jerry, free negro											4	
John, free negro											1	
John, Eversfield			1					1				8
Johns, Aquilla	2				1	2			1			23
Johns, Stephen		2	1									1
Johnson, Benjamin	1			1		2	1		1			
Johnson, John	1		4		3	1	1		1			25
Johnson, Mathew	3			1		1			1			
Johnson, Rinaldo	1				1	1			1			49
Johnson, William					1					1		
Jones, Benjamin	1			1	1	1			1	1		1
Jones, Benjamin			1		1				1	1		1
Jones, Charles				1				2				
Jones, Charles	2	1	1		1		1		1			
Jones, Edward	1			1		1		1				1
Jones, Edward		1	1		1			2		1		1
Jones, Elisha		1	1	1		1	1	2				1
Jones, John			1	1				1				17
Jones, Josiah		2	2		1		1	3		1		9
Jones, Joseph	1		1		1		3	1	1			5
Jones, Margaret		2						2				
Jones, Penelope			1					1	3	1		4
Jones, Peny	3			1		3		1	1			15
Jones, Richard					1						1	7
Jones, Richard	1			1			1	1				1
Jones, Roger					1	1		1			1	1
Jones, Samuel					1							2
Jones, Samuel	1		1	1	1	2			1			10
Jones, Sarah	2								1	1		
Jones, Thomas			3	3					2			4
Jones, Thomas	1	3			1	2	1		1			
Jones, Thomas	1			1					1			
Joy, Babtist				1						1		
Kadle, Ann, Jr.			1			1				1		
Kadle, Narcy						1			1	1		

Maryland Genealogical Society Bulletin

Head of the family	Free white males					Free white females					Other free persons	Number of slaves
	Under 10	10 - 16	16 - 26	26 - 45	Over 45	Under 10	10 - 16	16 - 26	26 - 45	Over 45		
Sidler, Philip	2				1	1			1			
Sim, Partrick					1				1			1
Simmons, John	1			1		1			1			
Simmons, Robert			1		1	1		1		1		
Simpson, James					1			1				1
Simpson, John					1				1	1		
Simpson, John	3			1		2			1			
Simpson, Josiah		1		1			2			1		
Simpson, Joseph	1			1		2		2	1			
Simpson, Levin	1	1		1		2			1			1
Simpson, Peter			1	2	1	2		1		1	2	
Simpson, Thomas				2		1	1		1			
Simpson, Thomas	3	1			1				1			
Simpson, Thomas	2		1		1	2	2		1	1		3
Sissel, Thomas	1			1		2		1				20
Skinner, Adderton				1		2		3		1		9
Skinner, Elisha					1	1			1			3
Skinner, Levin				2	1							4
Slater, David					1							
Slater, William	2	1			1	2			1			1
Smalwood, James				1				1				
Smith, Amos	2			1		1		1				
Smith, Clint				1		4	1		2			66
Smith, Elizabeth				1					1	1		17
Smith, Henry				1								1
Smith, Isaac		2			1		1	1		1		7
Smith, James	3			1		4	1		1			
Smith, Jas. H.			1		1				2			10
Smith, John, free negro											6	
Smith, John	3			1					1			
Smith, Nicholas, free negro											1	
Smith, Thomas	3		1		1	2	1	1	1			8
Smith, William	1			1		1			1			1
Smith, William Jr.			1	1		2			1			
Smithe, Joseph				2	1			3	3	1		7
Snider, Tony, free negro											1	
Snider, Charity, "											4	
Snider, Henry, "											1	
Snider, Jenny, "											5	
Snowden, Richard			2			1		2				20
Snowden, Samuel	2			2	1			4				8
Snowden, Thomas		1	2	1	1	1		1	1	1		101
Somervell, Howe	1			1		1			1			
Somervell, James	4	1		1	1	1		1	1			7
Soper, Alexander				1	1				2			8
Soper, Alvion				1		1			1			
Soper, Ann				1	1					1		4
Soper, Bassel	1			1		3			1			

P.G. Co. 1800 Census

Head of the family	Free white males					Free white females					Other free persons	Number of slaves
	Under 10	10 - 16	16 - 26	26 - 45	Over 45	Under 10	10 - 16	16 - 26	26 - 45	Over 45		
Ryon, Thomas	2			1		2			1			
Sampy, free negro											2	
Sansberry, Alexis	4			1		3			1			7
Sansberry, John	2	1		1	1		1		1	1		
Sansberry, Thomas		2		2	1	3		3				
Sasser, Jonathan T.	3		2	1		3	2		1			3
Saucer, John				1		2			1			7
Saucer, William	2	1		1		2	1	1	1			21
Savary, Peter					1		1		1			17
Savoy, Francis, free negro											6	
Savoy, Thomas, free negro											3	
Scott, Charles			4		1	1	1			1		11
Scott, Charles, Jr.			1									
Scott, Charles, Jr.			1									2
Scott, Edward	2			1		3			1	1		17
Scott, George	1			1		1			1			1
Scott, James				1					1			
Scott, Judson	2	2		1		2	1		1	1		12
Scott, Samuel	4			1		1	1		1			
Scott, Thomas	1			1		2			1			3
Scott, Walkins				1		1			1			1
Scott, William	2	1		1					1			2
Scott, Zachariah					1			1		1		2
Scrive, Joshua		3			1	4			1			1
Scrivener, Richard		1	1		1		1	2	1			
Seall, Nathaniel			1	1			3	1	3	1		4
Selby, Martha A.						4	1		1			19
Sewall, Robert	2			1								
Shanby, Sarah	2			2	1		1	1				8
Sharpe, Benjamin	2			1		2			1			
Shaw, John				1		2	1	1	2			
Shaw, William	3	1			1	2	1	1	2			
Sheckels, Sephas	1	1	3	1		3	1		1	1		
Sheriff, Benedick	1		1			1		1				
Sheriff, John			1		1				2	1		1
Sheriff, Thomas			3		1		2	3	1			
Sherlock, Robert	3	2	1		1	1	1	1	1			
Shirkliff, William	4	1			1		3		1			10
Short, Chloe, black, free											4	
Short, James					1				1			1
Shorter, Thos., free negro											2	
Shukels, Samuel	2	2			1		1	3		1		11
Shurwood, Robert	3		1		1	1		1	1			
Sicofuse, John					1	2				1		

Head of the family	Free white males					Free white females					Other free persons	Number of slaves
	Under 10	10 - 16	16 - 26	26 - 45	Over 45	Under 10	10 - 16	16 - 26	26 - 45	Over 45		
Rhodes, John		1		2	1							8
Richards, James	1			1		3		1				1
Richards, James	2	1		1				1				
Richards, Notley	1					2		1		1		
Richards, Richard					1		1	2				1
Richards, Richard	2		1			1		1				1
Richardson, Elisha	2	2			1	1		1				3
Richardson, Thomas					1			2			2	11
Riddle, Jacob	1	1		1		3			1			
Riddle, Jacob					1	2			1	1		1
Riddle, John	3			1		1		1				3
Riddle, Samuel	2			1		2			1			
Ridgway, Bassel			1			1		1				
Ridgway, Bassil				1		3	3	3	1			
Ridgway, Benjamin				1				1	1			
Ridgway, Benjamin					1			1		1		
Ridgway, John			2		1					1		19
Ridgway, Jonathan			2	1	1			2	1			
Riley, George	1		1					1				
Riley, Thomas	2	1			1	2	2			1		
Rion, Jerry	1		1	2		2			1			1
Roberson, Charles	1			1		2			1			5
Roberson, George	3			1		1			1			
Roberson, James	1	1		2		1						
Roberson, Mary	1					2		2	3			
Roberts, John			1	1				1		1		
Robertson, Benjamin		1		2		2	1		1			5
Robertson, John	3	2		1		2			1	1		9
Roby, Barton				1		1			2			
Roby, Charles	1			1		3		1				1
Robey, Cornelius				1		1		1				1
Roe, Anthony			1	2	1	1						
Roe, Mudurmet				1								
Roe, William				2						1		
Ross, David	3	1	2	1	1	1	1	1	4			17
Ross, Rich'd				1					1			6
Ross, William					1			2				1
Ross, William				1								
Roundel, Martha				1					3	1		40
Rozier, Francis H.	3			1		1	1	1		1		37
Rozier, Henry					1			3	2			91
Russell, Jas.	1			1		1		1		1		
Russell, William					1	1		1				
Russell, William				1		2		1				
Rustin, Jno., free negro											7	
Ryan, James		1		1		3	1		1			4
Ryon, Elisha			1			1			1			1
Ryon, Fielder	2			2					1			1
Ryon, Joseph					1					2		

P.G. Co. 1800 Census

Head of the family	Free white males					Free white females					Other free persons	Number of slaves
	Under 10	10 - 16	16 - 26	26 - 45	Over 45	Under 10	10 - 16	16 - 26	26 - 45	Over 45		
Pope, Nathaniel		1		1	1				1	1		3
Poston, Stony				1					1			
Poston, William				1		1		2				
Powell, Joseph	1	1			1	1				1		
Power, Thomas	2	2			1				1			
Pownall, Thomas				1	1			1	1	1		8
Prater, Ann			1					1	1	1		5
Prater, Benjamin		1			1		1	2	1			4
Prater, John				1		2			1			1
Prater, Nathan			1		1				1	1		14
Prater, Zephaniah	1				1		1	3		1		6
Pratt, John				1								
Price Frederick	1			1					1			1
Price, Rob't, free negro											1	
Price, William	1			1		2		1			5	12
Priggs, Sarah									1	1		
Priss, free negro											7	
Proctor, Ann, free mulatto												
Proctor, Charles, free negro											4	
Pumphrey, John			1			1		1		1		6
Pumphry, James	1	1		1		1						9
Purce, John		1	1									1
Purdy, William				1		1	1	1				
Quander, Henry, free negro											1	
Queen, Francis		2			1			1		1		17
Queen, Joseph	1	1	1		1	2	1		1			24
Queen, Wm., free negro											4	
Rachel, free negro											3	
Raniel, Benjamin	1		1			1		1				
Rantun, John		2	1		1			1		1		17
Rawlings, Benjamin				1		4	1		1			
Rawlings, Isaac I.	1	1			1		1	1		1		1
Rawlings, John G.	2			1		1			1			
Rawlings, Paul	1	2		4			1			1		
Rawlings, Thomas	2	2				1						
Rawlings, William										1		3
Ray, Benjamin			2		1			1		1		
Ray, Thomas		1	1		1			2	1	1		
Read, William	2		1	1	1	3		2	1	1		
Red, James			2	2		1						
Reed, Alexander			2					1				
Resin, free negro												5

P.G. Co. 1800 Census

Head of the family	Free white males					Free white females					Other free persons	Number of slaves
	Under 10	10 - 16	16 - 26	26 - 45	Over 45	Under 10	10 - 16	16 - 26	26 - 45	Over 45		
Soper, Benjamin	5			2		2		2		1		11
Soper, Charles				1			1		1		1	11
Soper, John	2			1	1	1	2		1			11
Soper, John, Jr.			1					1				4
Soper, Leonard	1	4	3		1			2		1		16
Soper, Mereni D.				1		1		1				
Soper, Nathan			2		1			1	1			14
Soper, Robert				1				1	1			
Soper, Thomas				1								100
Souther, William	3			1					1			
Spalding, John	4	1			1	1	2		1			10
Spalding, Mary		2				1	1			1		7
Sparrow, Solomon		1	5		1	2			1			5
Spawling, Philip				1		4	2		1			5
Spencer, Isaac				1								
Sprigg, Benjamin			1									12
Sprigg, Osburn					1				1		2	48
Sprigg, Richard				1					1	1		72
Stallions, Harvey					1						1	3
Stallions, James			1					1				10
Stallions, Thomas	1			1	1	1				1		11
Stallions, Thomas, Jr.	1			1				1				1
Stamp, John	1	1		1			2		1			
Stamp, Thomas				1		1		2				
Stansberry, Jas.				1						1		6
Stansberry, Richard	2		1		1	1				1		
Steel, Alexander		2			1		1			1		
Steir, Henry I.					1					1		15
Stephens, Ann			2					2		1		
Stephens, John, free negro											8	
Stephins, John	1		1			1		1				
Stepins, Mildra			1					1	1			
Stewart, Arianna								1	1			9
Stewart, Mary										1		8
Stewart, William	1		2					3				10
Stier, Henry I.				1						1		15
Stonstreet, Richard					1					1		22
Strong, William				1		2		1				
Such, black, free											4	
Summers, John	1			1		2			1			
Summers, John	3	1		1		2		1	1			1
Summers, John	3		1	1					1			1
Summers, Jonathan		1			1	1				1		4
Summers, Josias				1				2	1			
Summers, Josias			1		1		2	1		1		
Summers, Nathan	2	1		1		4	1		1			9
Summers, Nathaniel	1		1			2		1				
Summers, Math'l	1		1			2		1				5
Summers, Paul	3			2		2		1				5

Head of the family	Free white males					Free white females					Other free persons	Number of slaves
	Under 10	10-16	16-26	26-45	Over 45	Under 10	10-16	16-26	26-45	Over 45		
Summers, Zadock	2			1		1		1				
Surrat, Ann		3	4					1		1		
Survoy, Thomas, free negro											3	
Sute, John Smith	4			1		1	1		1			16
Sute, Mary		1	1							1		
Sute, Mary, Jr.		1	1							1		
Sute, Oliver	2			1		1		1				
Sutton, Isaac	3			1		1		1				3
Swain, Bennet	1			1		2		1	1			
Swain, John				1				1				3
Swain, Isaac		2	3		1			3		1		3
Swann, Ann, free negro mulatto											4	
Swann, Edward		1			1					1		11
Swann, Henry	4			1		1	1		1	1		1
Swann, James		1	1		1	1	1		2			10
Swann, Thomas	1			1		2		1				4
Sweney, Dennis	3			2		3		3				
Sweny, Lloyd	2			1		1		1				3
Synch, John S.	2	1		1						1		
Talbert, Nathan			1		1					1		5
Talbot, Jesse	1		1			3			1			2
Talbot, Nathaniel					2					1		5
Talbot, Thomas			2			1		1				
Talbot, Thomas, Jr.			1									
Talbot, Tobias			1					1				
Talbott, Paul	3			1								3
Tarman, Aquila		1		1		3		1		1		5
Tarman, Luch			1		1			1	1	1		
Tarman, Priscilla	1						1	1	1			1
Tarman, Richard	1		1		1	2	2	1				
Tarvin, Ann			2					1		1		
Tate, James			1		1					1		1
Tate, Jesse			1		1	1		1		1		1
Taylor, Allen			1			1						
Taylor, Benjamin			2	1				1	1			5
Taylor, Benjamin			2		1			1		1		5
Taylor, John	2			1		2			1			1
Taylor, Priscilla		2	1						2	1		
Taylor, Richard	3			1				1				
Taylor, Samuel	3	1	1	1		1			1			2
Taylor, Susanna						3			1			
Taylor, Thomas				1						1		1
Taylor, William					1		1	2		1		13
Tchelfield, Joseph	1	2		1		1			1			
Thomas, Bruce, free negro											3	

P.G. Co. 1800   35

Head of the family	Free white males					Free white females					Other free persons	Number of slaves
	Under 10	10 - 16	16 - 26	25 - 45	Over 45	Under 10	10 - 16	16 - 26	26 - 45	Over 45		
Thomas, Jesse				1						1		7
Thomas, John	2		1	1		2	1	1	1			
Thomas, Thomas					1					1		
Thomas, William	2	1	2		1	4	1	1		1		
Thomason, Mary	4	2				1			1			1
Thomson, Ann	1					1			1			1
Thomson, Jane						1		1				
Thomson, Susanna		1					1			1		
Thomson, Thomas						1	1					
Thomson, Thomas			1					1	1			12
Thorn, Amelia			4							1		
Thorn, Burch	3	1	1	1								
Thorn, Martha			3							1		
Thursby, Edward		1		1			2		1			4
Tilley, John	2		2	2		2			1			1
Tilley, Elizabeth	1	1	1					2		1		17
Timson, Solomon					1	1	1		1			
Tinker, Thomas Jones			1		1	3			1			
Tinley, Susanna			2					1		1		
Tinley, William	1		1		1			1				
Tippet, Charles	1			1		2		1	1			1
Tippet, John	1		1			2		1				
Tolson, Francis	4			1		3	2	1				30
Tom, free negro											1	
Toney, free negro											2	
Topping, Henry, free negro											6	
Tord, Henry	2			1					1			
Townley, Thomas	1				1	2		2		1		
Townsend, Leonard		1			1							13
Townsend, Samuel				1	1				1	1		14
Townsend, Samuel, Jr.	1				1		1		1			12
Townsend, William	1			1		3			1			5
Tracy, John	1			1	1							
Traverre, William	2			1		1	1		1			
Tray, Thomas			1	1			2		1			
Trice, John				1								
Trigg, Jeremiah	1			1		2			1			
Trueman, Benoni					1		1			1		
Trueman, Elizabeth						1			1	1		19
Trueman, Henry	1	1			1	2			1			
Tuffe, Thomas	2		1		1			3	1	1		3
Tumblestone, Margaret								1		1		
Turner, John			1		1			1	3			17
Turner, John				1				1	1			9
Turner, Rachel			1	1				1	1			18
Turner, Samuel	2			1		3	2		1			7
Turner, Sarah								1	2			11
Turtan, Fielder			1			1						
Turton, Fielder			3		1	2			1			1

	Free white males					Free white females					Other free persons	Number of slaves
Head of the family	Under 10	10 - 16	16 - 26	26 - 45	Over 45	Under 10	10 - 16	16 - 26	26 - 45	Over 45		
Turton, John			3		1	2				1		3
Turvey, William	1			1				1				
Tyler, Driden	1	1	1					1	1			30
Tyler, Truman				1		1		1				
Underwood, Charity							1	1		2		
Underwood, Thomas	2			1		2			1			3
Upton, Thomas		1	2		1		3			1		
Vanhorn, Gab'l P. St.			1	1	1				1	1	1	2
Venables, Elizabeth	2	2		1		1		1				2
Venables, Theodore				1		1		1				
Verlenda, free negro											7	
Verlindo, free negro											1	
Vermillion, Edw'd	1		1		1		1	4		1		
Vermillion, Giles	1		1		1		2		1			
Vermillion, James	1			1	1		1	3		1		
Vermillion, John			3		1	4			1			
Vermillion, Sarah	2		1			1		1	1	1		
Vermillion, William	3			1		1		1				
Vermillion, Zachariah	1			1		3			1			
Vernon, Caleb			1	2				1				1
Wade, Benoni H.					1							
Wade, Lanty	2	3	1	1			1		1			9
Wade, Vertilla								1	1			18
Wade, Zachariah					2					2		
Wailes, Levin Covington	1		1	1		1			2			8
Wailes, Samuel P.	4				1		1	1		1		7
Wailes, Susanna	1							1		1		3
Wales (Walls?) Martha			1	1				1		1		5
Wales (Walls?) William	2			1			2		1			8
Walker, Alice										1		1
Walker, Benjamin			1	1				2		1		
Walker, Isaac		1		1				1		1		9
Walker, Richard	1		1		1	2			1			1
Walker, Rich'd	1		1	1		4	1		1			
Walker, Thomas					1			4				
Walker, Thomas			1		1	3		1				
Wallace, William	1	2			1	2		2				
Walls, Thomas	1			1		3			1			6
Walter, Christian				1	1		1		1			1
Ward, Benjamin	3	1		1	1	1		1	1			1
Ward, William				1								8
Waring, Eleanor			2					3	2			32
Waring, John			2		1				1	1		105
Waring, Marcus	2			1					1			11

P.G. Co. 1800 Census

Head of the family	Free white males					Free white females					Other free persons	Number of slaves
	Under 10	10 - 16	16 - 26	26 - 45	Over 45	Under 10	10 - 16	16 - 26	26 - 45	Over 45		
Warner, Samuel	1	1			1				1	1		15
Warren, Elizabeth					1				1	1		9
Warren, James	3	2		2		2	1		1			3
Warrensfoot, Mary	1		2			1	3			1		3
Warrensford, Joseph	4	1			1	2		1	1			4
Warring, Leonard		1	2		1	1		2		1		3
Warring, Susanna	1			2					1	1		54
Warring, Thomas	2			1				1				8
Washington, Nathaniel	2			1		2		1				15
Waters, Arnold	2		1		1			2		1		44
Waters, Henry	2	2		2		1		1	1			5
Waters, Jacob				1	1			1	1	1		
Waters, Jean	1								2			
Waters, Joseph					1					1		
Waters, Joseph		2			1					1		
Waters, Nathan	1	1		1		2			1			1
Waters, Plummer	2	1			1	3	2	1	1			8
Waters, Robert		2			1							17
Waters, Stephen	3		2		1		1	1	1			5
Waters, Thomas				1			1		1		2	27
Waters, William					1							1
Watkins, Jane				2		3			2	1		
Watkins, John B.	1			2	1	2		2				13
Watson, Alexander			1	1		2		1				
Watson, George	2			1		1		1				1
Watson, Hezikiah	2			1				1				
Watson, James				1								
Watson, James		1	1		1	3			1			
Watson, James, Jr.				1					1			
Watson, James		2	2						1			
Watson, John	1	1		1				1	1			1
Watson, Joseph	1			2					1			
Watson, Levin	1			1		1			1			
Watson, Thomas	2			1		1	2		1			
Watson, Walter	3	1			1			2	1			1
Watson, William				1	1			1		1		2
Watson, William	1			1		2		1				5
Watson, William, Jr.		1		1		1			1			6
Watson, William, Jr.	2	1		1	1	2	1		1	1		7
Watts, George	3				1		2		1			
Waugh, John	1	3			1		2	2	1			4
We, Zadock			2		1				1		1	
Webb, Samuel		2		1	1	2	1		1			
Webster, James	3			1		2			1			
Webster, John	2				1	2	2		1			
Webster, John S.	2			1		2	1		1			
Webster, Levin	1			1		3			1			
Webster, Mary								2		1		
Webster, Philip				1								
Webster, Philip		1			1	4		1	1			

Head of the family	Free white males					Free white females					Other free persons	Number of slaves
	Under 10	10 - 16	16 - 26	26 - 45	Over 45	Under 10	10 - 16	16 - 26	26 - 45	Over 45		
Webster, Rich'd	2	1		1		2			1			
Webster, William				1	1	3			1			
Webster, William	2			1		2		1				
Webster, William 3rd			1			1		1				
Wedge, George, free negro											11	
Weedin, Nathan	1	1		1			1	1	1			
Weems, Nath'l C.	3			1		1			1			31
Weems, William	1			1		2	1		1			35
Welch, Thomas				1	1				2			4
Wells, James D.				1		2			1			2
Wells, John			1		1			1		1		
Wells, John			1								3	11
Wells, John D.		3	1		1			3		1		
Wells, Martin	1			1		1		2				2
Wells, Richard	2			1		1			1			4
Wells, Richard	2	2		1			1		1			
Wells, Walter				1		1		1		1		6
Wells, William					1				1			12
Werts, Henry	3			1			1		1			1
West, Hannah	1	1						3		1		155
West, Stephen	3			1								
Wheat, Francis		3	1		1	1		2	1			2
Wheat, Francis		3	1		1			2	2			2
Wheat, Jesse	2			1				2	1			
Wheat, John		1	1				1	2				2
Wheatly, George	1			1				1				
Wheatly, John	2			1		2		1				
Wheeler, Hezekiah					1			1			1	30
Wheeler, Jacob		2	1	1		1	1		1			4
Wheeler, John	1			1		2			2	1	2	2
Wheeler, Leonard					1					1		2
Wheeler, Thomas				1		1			1			
Wheler, Edward					1	1	1		1	1		5
Whitaker, Margery			1					1		1		13
White, Allen	2			1		3			1			
White, Benjamin	2		2		1	2	1	2		1		
White, Horatio	1			1		1		1				
White, John					1				1	1		
White, John	2		1			2			1			
White, John	2		2		1		1		1			
White, William	1		1		1			1				8
Whitman, Stephen	1		1			1		1				
Whitmore, Benjamin	3		1			2			1		1	
Whitmore, Humphrey	1		1			1		1				
Whitright, Jacob					2							
Wightt, Benjamin			1			2		1	1			11
Wilburn, Robert	1		1						1			
Wilburn, Walter			1						1			3
Wilcoxen, Eliza	2		1			4		3		1		13

P.G. Co. 1800 Census

Head of the family	Free white males					Free white females					Other free persons	Number of slaves
	Under 10	10 - 16	16 - 26	26 - 45	Over 45	Under 10	10 - 16	16 - 26	26 - 45	Over 45		
Wilcoxen, Thomas			1		1							
Wilcoxen, Thos. C.					1	1			1			3
Willett, Edw'd		1	1		1							19
William, free negro											4	
Williams, Ab'm, free negro												6
Williams, Ann										1		
Williams, Calvert	1		1			3		1				8
Williams, Cassandra				1				1		1		18
Williams, Humphry	1		1	1		2			1			15
Williams, John	2			1		1			1			
Williams, John			5			1	1	1		1		
Williams, Leonard		1			1		1	2		1		3
Williams, Thomas			1	1					1	1		
Williams, Thomas O.		1	1		1	1		1		1		68
Williams, Verlinda		1								1		17
Williams, William	3			1		3			1			5
Willing, Thomas					1				1			1
Wills, John			1		1			1		1		
Wells, William	1			1		1			1			
Wilson, Agness	1	1							1	1		
Wilson, Aquilla	1			1		2			1			1
Wilson, David	1				1				1	1		
Wilson, Elizabeth									1	3		8
Wilson, James				1		1		1				4
Wilson, James					1		1			2		7
Wilson, James	1					1						3
Wilson, John		2	2		1	1		2	1		11	7
Wilson, John	2			1		2	1		1			6
Wilson, John		2	2		1							7
Wilson, Joseph	1	1		1				1	1			9
Wilson, Joshua	2			1			1		1			2
Wilson, Josiah	2			1			1		1			2
Wilson, Josiah S.	2		1		1	2			1			2
Wilson, Lancelot				2		2			1		3	9
Wilson, Lingan				1								
Wilson, Nathan			2		1		1	1		1		
Wilson, Samuel				1								3
Wilson, Stephin	1	1	2		1	2		3		1		
Wilson, William	1				1			2		1		
Wilson, William		2			1				1			3
Wilson, William				1				1				2
Wilson, William of Jas.	2	1	1		1	3	1		1			36
Winder, George				1								
Winfield, Thomas	3			1					2			
Winklar, Catharine		2	1	1		5	1	1	1			
Winsor, Luke				1		1			1			
Wood, Elisha					1			1		1		7
Wood, James	2			1				1				
Wood, John	2			1		1	1	1	1			

Head of the family	Free white males					Free white females					Other free persons	Number of slaves
	Under 10	10 - 16	16 - 26	26 - 45	Over 45	Under 10	10 - 16	16 - 26	26 - 45	Over 45		
Wood, John T.			1			1		1				26
Wood, Leonard	1				1		2	1		1		
Wood, Mary									3	1		1
Wood, Peter, Jr.	1			1		2						16
Wood, Thomas	1	1		1		3	2	1	1			
Woodard, Margᵗ	1	1	1			1	1	1		1		1
Woodward, Arabella						1		1				
Woodward, Thomas	1	1		1		3	1					15
Woodward, William	1	2		1		2			1			
Worner, Henry	3			1				1				
Worson, John	1			1		1		1		1		
Worrell, John	1			1		3	1		1			
Worthington, William	1		2		1	2	1		1			26
Wootton, Mary	1			1				1	1			67
Wright, Joseph					1					1		6
Wright, Samuel	1				1	2	1		1			2
Yates, Mary	1							1				
Young, Benjamin	2			2		1			1			25
Young, David	1	1		1		2	1		1			
Young, John	1	3		1		2			1	1		
Young, Nathan				1				1				
Young, Nicholas	5		1			2		1	1			41
Young, Robert		1	2		1		1	1		1		30
Young, Thomas			1	1	1			- 2		1		9

www.ingramcontent.com/pod-product-compliance
Lightning Source LLC
Chambersburg PA
CBHW061517040426
42450CB00008B/1656